JN411094

각인
Stamp

서정문학 대표 시선 ● 23

각인 Stamp

초판 1쇄 | 2014년 2월 28일
초판 2쇄 | 2014년 12월 12일
저　　자 | 진명식
그　　림 | 홍성훈
펴 낸 이 | 차영미
편　　집 | 디자인그룹 여우비
펴 낸 곳 | 서정문학
주　　소 | 서울시 강동구 풍성로 136, 삼성아파트 상가동 115호
전　　화 | 02-720-3266
홈페이지 | http://cafe.daum.net/seojungmunhak.com
이 메 일 | sjmh11@hanmail.net
등　　록 | 2007. 12. 18

ISBN 978-89-94807-28-7 03810
정가 10,000원

서정대표 시선 · 23

각인

Stamp

글 **진명식** · 그림 **홍성훈**

도서출판 서정문학

시인의 말

10년의 시간을 지나고 보니 짧다.
다른 삶 속에 사는 사람들의 시간을
함께 하고자 하는 것은 욕심일까.
계절이 무심하게 바뀌는 것이 아니라,
내가 무심하게 변해버렸음을 깨닫게 되던 순간,
시詩를 엮어보고자 마음먹었다.

고단함을 즐기는 사람들은 에너지가 솟는다.
시를 쓰는 나의 고단함 역시 세상에 존재하는
생명의 원천이자,
변화의 시작에 일조했을 거라 위안한다.
끊임없이 다그치는 소소한 일상들에서
삶의 진실한 장면을 목격하고 싶다.
이런 호기심은 살아가는 매 순간을 반성하게 하고,
'사랑' 이라는 테마로 살아갈 수 있는 한 인간으로
무장시킨다.
함께하지 못했던 우리라는 소중한
'인연' 을 떠올려보자.
나는 당신의 사랑으로 위로받았고,
당신은 나의 시로 엮어졌다.

화가의 말

어릴 적, 붓과 도화지가 좋아
무작정 그림을 그리기 시작했다.
누군가에게 보이기 위해 그려온 것은 아니지만,
나름의 세계를 펼치며 스스로가 만족했던
시간이었다.

사람들이 글을 읽고 각자의 경험으로
느끼는 바가 다르듯이,
나 역시 살아온 날들을 선과 색으로 투영했다.
내가 느끼는 것을 표현하는 창작의 기쁨을
나눌 수 있어 의미있는 작업이었다.
나의 사색으로 만들어낸 작품이
전부가 아니라는 생각에,
보잘것 없지만 독자가 원하는 상상과 해석으로
필요한 만큼만 얻어가길 바란다.

달콤하고 저릿한 사랑의 기억,
그 아리한 추억을 떠올리며 스스로에게 물어본다.
난 지금 누구를 사랑하고 있는지.

스물아홉 홍샹

C·O·N·T·E·N·T·S

Part Ⅰ Game

Part Ⅱ Memory

Part Ⅲ Feeling

Part Ⅳ Stamp

Part Ⅰ. Game

캐리커처

하루의 고달픔보다도 훨씬 짧게
밤은 금새 깊어만 간단다.

어둠이 깊어지면 사람들은 피곤함에
어떻게든 사랑을 해결하고
돌아와 누운 머리맡에 오늘의 영수증을 늘어놓고는
천천히 잠을 청하겠지.
서툰 사회생활도 익숙해질 무렵

미숙한 인연에 대해 고민하게 되고
낮과 밤 사이에 일어났던 그리움도 외면하게 되고
무섭게 지나온 한때의 사랑을 생각하겠지.
보이지 않아도 어쩔 수 없는 빚을 휘젓고는
눈을 뜨거나 감아도 어쩔 수 없는

그대여, 하고는
내 마음 이럴 줄 몰랐더라고.

이별의 시

사랑하면서도 헤어져야 한다면

.

어떻게 해야 할까

.

그 사람 잡아야 하는데

.

그 사람 내 사람인데

.

이렇게 헤어져야 한다면

.

그 사람 어떻게 잊을까

.

사랑한다는 말도 아끼면서

.

살아왔는데

.

어떻게 살아내어야 할까

.

이렇게 마음이 아픈데

.

눈물조차 흘릴 수가 없구나.

밤

가장 어린 별은 어느 것일까.
초저녁 어스름을 닮은 사람이면 차암 눈이 맑겠지.
그렇잖아도 보고 싶었던 사람의 얼굴과 닮았구나.
당신은 내일 아침 어딘가에서 눈을 뜰까.

이즈음에는 봄이 더 이겨내기 힘든 봄꽃도 있겠다.
논 가운데서 그런 꽃을 보고 있거나
오늘의 내 행선지를 자세히 들여다보자면
삶이 싫어 코를 막고, 사람 옆에 있기 싫은 나이가
어렵게 느껴진다.

재잘재잘 말해야 하는 말 속에는 내게도
낯 부끄럼이 있다.
날이 궂어 싸락싸락한 빗소리에
여전히 네모난 미남형이라고 다짐하며 하루하루를
살던 것에는 분명
후레쉬한 향기가 있었다.

나는 뭐랄까, 순수의 변종?
가슴이 답답한 사랑을 그렇게 참지 못했던 나는

밤하늘에 떠 있는 달 마냥 맑고, 어색하게
존재하고 있다.
그리움을 참고

내가 하는 이야기는 하여 들어줄까.
밤,
속엔 별과 꽃과 비와 당신의 그리움이
나를 떨군다.

달무리

밝은 자리, 자리에 하늘가는 구름
파랗게 무리 져 유유히 돌아가는 밤.

풋나게 익어간 사연들만 들춰내며,
내 가슴 애타게 깨워 날리네.

자신을 감추며, 가야할 곳으로 가는
무리는 순전히 축복 받은 자리.

짙은 밤 향기가, 이만치 내려앉아 스미는 곳에
뜨거운 삶의 박동을 여미네.

허공에 내지른 고독의 단어들 다 풀어지고
짧은 영감과 맞닿은 새벽 한 방울에 투영하는 무리.

그 고요한 밤하늘을 다 얹으려
내 눈을 깨워 날리려하네.

세상은 사랑으로 평등해진다

사랑을 하지 못하여
아픔으로 떨고 있는 사람들이
비싼 옷을 입는다.

사랑을 하지 않기로
추억 속에 묻혀 지내는 사람들이
화장을 하지 않는다.

내 마음 여전히 예쁜지.

가을연가戀歌

깊고 깊은 내 안에 고운 님 생각하며
달은 밝은데 만날 길 없네.
님, 또 갈 날에 몇 번이나 울겠는가?
바람에, 이슬 같은 눈물 보이네.

어린 님 얼굴 눈 앞에 있는데
베개 기대어도 이루지 못할 시간만 흐르고,
떠서 님 가까이 가도,
아, 마음 가누지 못하네.

어루만져, 젖은 님 어루만져
기댄 님 한 번 더 가누지 못하고,
서둘러 돌아온 하룻밤 -.

해가 뜨면 또, 저녁놀 보리.

회상 1

그리움의 눈동자는 어떤 색일까.
가랑비처럼 가릴 수도 없는 마음
삶으로 흘러내린다.

사람들의 감미로운 웃음을 닮았을까.
유행가처럼 때때로 되뇌이는 같은 주제에
나도 어느새 구식이 되었다.

지난날의 미련?
남자도 한恨을 품는다.
이제 그만해라.

회상 2

가을 끝으로 떠가는 구름

가벼운 인사도 없이 흩어지네.
바람은 날도 잃어버리고선
두려워하고,

흔들리던 마음에
울면서, 이별을 말하네.

그게 바로 사랑이었노라고
분명 나에게만 말하네.

뉘우치는 가슴으로 살면서
저 떠가는 구름 흩어져도

그녀,
잊을 수가 없네.

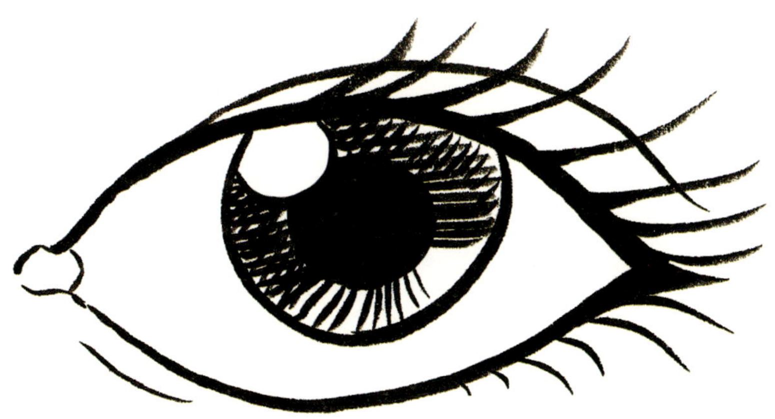

비오는 하루

온종일 A4에 부대낀 하루
밤이면 시를 쓰는 초롱한 눈.
아이들 곁에서 가난하게 살아가는 나는
하찮은 몸짓에 화들짝 반응하게 된다.

옳고 그름에 대해 곧잘 가르치면서도
실천은 왜 굼뜨다.
어설픈 반성에 찬술 한잔 마시는 날이면
마른 혀끝으로 별것 아닌 삶이 이리저리 얽어진다.

고요한 밤,
물 위를 들춰내는 한 마리의 숨은 민어처럼
오래전에 잃어버린 비폭력의 함성을 간직한 채,
오래전에 잃어버린 사랑에 머리를 감싼다.

하루를 산다는 것은
기다림 뒤에 들춰지는 시
한 줄 또로록.
살포시 여민 어깨 위에 토닥토닥 나를 감싸고만
서 있다.

스물아홉

나이가 들수록 살아가며, 사랑하는 모습이 달라진다.
사랑하는 사람 다른 사람들과.
오늘이 내 생일이다.

이런 가슴으로 나는
검은 글씨에 청춘의 종결을 찍어내고도
오늘밤 또, 다른 마음으로 아침을 맞이해야 한다.

나처럼 홀로 태어난 사람의 인생은
왜 슬프지가 않고, 부질없는 것일까.
너무 어렵지 않은가?

삶의 고비를 맞이하여,
내가 다른 사람이 되어 가는 것이.
끝끝내 모질게 버리고, 깨닫거나
형편없이 사라져버리는 거.

이 후회의 미학이 바로
삶이라니.

공존共存의 아픔

흐른다 흘러간다.
시간이-

나를 지나쳐 간다.
얼굴에 오른 취기가 가라앉으면
피곤에 잠들겠지.
나는 오늘 또 당신을 생각하네.

가을바람은 창밖에 와 부딪히고
그 안에 몸을 숨긴,
홀로된 사랑을 괴롭히네.
시간이 지나도

당신은 나를 기억할 수 있을까.
흘러온 삶의 순간들이
창밖으로 쓸려 가는 이 어려운 아픔을.

까맣게 지운 밤을.

With Me

내 마음 가까이 와 있다.

겨울비.
하얗게 입김이 내리면,
햇살이 살포시 내 볼을 어루만지고
잠든 듯 눈을 감아
내 마음에 사는 당신을 떠올린다.

사랑은 주위를 맴돈다.
마음 가까이 있다가
햇살 속에 사라지는 안개처럼
그 시선의 끝 어딘가에서
그리움으로 사라진다.

아이들이 재잘재잘 일상을 만들어주면
사랑은 공존의 기억을 지어 올린다.

시를 쓰는 이유

내가 시를 쓰는 이유는
이 순간의 당신을 기억해내기 위해서입니다.

내가 시를 쓰는 이유는
당신의 기억 속에 내가 자리하기 위해서입니다.

내가 시를 쓰는 이유는
내 안에 여전히
당신이 머물러 있는 이유이기 때문입니다.

늑대야상夜想

보고 싶어.
가슴팍을 들고 뛰고 싶어.
으스러진 가슴을 누구에게 보여줄까.
아무도 없는 곳에 늑대의 심장이 뛴다.
밤의 트릭은 눈물의 골칫덩어리.
이 녀석은 또 밤마다 날뛰네.

탈출하자.
시간이 없는 곳으로
자꾸만자꾸만 여자의 눈물을 거꾸로 해석하는
늑대의 습성
눈물에 퉁퉁 불어있던 여자의 가슴을 찾는 일

이해해줘.
손 잡힌 여자의 가슴엔 사랑이 없고,
밤의 트릭이 시작된다.

일상의 변명

동네 새 집과 솔바람, 네온 구경에 밤이면 한 바퀴씩
돌아가 본다.
퇴근길에 보이는 길은 망설여지지가 않는다.

알았던 사람, 알고 지내고 싶은 사람 모두 가벼운
걸음으로 인사를 한다.
시간이 공허한 것은 하늘에 별이 보이지가 않아서가
아니라
마음 속 앓이를 들어줄 사람이 없는 것에서 출발하게
된다.

단편 소설도 채 되지 않는 이야기를 엮어내야 하는
일상은
혼자 있기를 계속해서 강요하는 것 같아 머릿속이
까맣다.

오늘 당신이 떠올린 이름 안에 내가 찾아가지 못한
까닭은
동네 새 집과 솔바람, 네온의 화려함 때문이라오.

어느 철학자의 사랑

배가 고프고, 빈털터리가 되어서야
나는 철학을 포기하게 됩니다.
어둡고, 차가운 바닥에 고개를 묻고
피곤에 그어진 주름 한 줄 짓이기며
그 안에 있는 나와 삶을 선택해야 한다니

내 지식은 노동이 되고,
아무 쓸모없이 세상 밖에서 지워집니다.
당신에게 달렸던 모든 이상이 하잘 것도 없다면
내 영혼의 마지막 삶을 세월의 유혹에 맡겨야 할까요.
그렇다면, 시퍼런 죽음의 유혹이 가슴을 내밉니다.

알 수 없는 진실을 찾아 헤매는 고통이
오늘 밤,
가장 정직한 싸움을 하고 있습니다.

산다는 것

지난 일은 다 잊어버려라.
잊을 수 없는 사람이라 하더라도
내가 그 사람에게 남겨지는 법도 몰랐지 않느냐.

세상에는 인연에 대한
거친 이치가 따로 있다는 것을
순진해서 몰랐더라고 말하면 알아줄까.

미련한 사람을 무엇으로 도려낼까.
두 세상 중 한 세상을 잘라내어야 할 때
우린 가장 아프게 서로를 밀쳐내어야 한다.

사람들 속에 묻어버린 후
세월 속에 숨어 살다,
오가는 사람들처럼 함께 살아야한다.

참 바보에게

우리는 생활의 작은 소망으로 그 삶을 이어온다.
머지않아 그 끝이 미련스러워도
희망을 버릴 수가 없다.

누구를 위해서가 아니라,
언제 그것을 알 수 있는지가 아니라,
그저 힘차게 삶을 살아나가야 한다.

가슴에 짊어진 불덩이를 잊겠는가.
바보는
바보처럼 그 삶을 들여 본다.

작은 아파트 000동 000호

눈 내린 아침도 아닌데,
여기저기 창가에 성에가 끼었다.
손닿은 지 오래된 책자들만 그 자리에 널려 있다.
밥통에는 굳은 살 박힌 쌀 자락들이 겨울을 나고,
간혹 울리는 초인종이나 관리실 방송이 시끄럽다.

담배 연기, 환풍기 속으로 자주 서성이다 사라지고
밤새 내 숨소리만 듣고 있던 핸드폰은 어김없이
단잠을 깨운다. 다시 잔다.
단잠을 깨운다. 다시 잔다.
내 어릴 적 꿈은 이게 아니었는데……

어쩐지 보고 싶었던 아이들이 지금쯤은 결혼을 했겠다.
아이들을 낳았겠다.
가끔씩 벗들이 사는 아름다운 세상 속에는
나의 청첩장과 아들, 딸이 없어 고요하다.

거세된 사랑이라는 말도 안 되는 논리를 알아달라고
얼마나 노력하며 살았던가?
누군가는 날 데리러 저 문을 두드리겠지.

어찌 왔냐며 부질없이 혼잣말을 하는 것을 연습하지 않으면,
가끔씩 나는 목소리까지 잃게 될까 두렵다.

잊어본 적 있는가?

Drive 1

가슴에 고인 그리움에 구멍이 났구나!
흘러들어오던 유행가에 수혈 받는다.

Drive 2

눈 올 것만 같은 새벽
햇살이 가볍게 베인 새털구름 끝에 가슴이 찔린다.
황막한 하늘을 가로지르는 굴뚝새 한 마리
나풀나풀 날아가다 서리 낀 논밭에 앉는다.

삶의 설레임이 반짝인다.

이별여행

사랑하는 사람을 가슴에 묻고
발 디디며 살아가기 힘드네.

연애란 수 가지의 정의를 다 알만한 나이에
철든 여인이 눈앞에도 삼삼한데
누구에게 물어, 남은 인생을 행복할까나.
사랑은 연애보다 맛이 없다네.

버스에 실린 내 몸 하나 기대는 것
나를 잊은 그녀 모습 떠올리는 것
아름다운 그녀가 보는 우리의 모습이 초라할 뿐
어이할까.

세월이 지난 후 날 찾아 부르는 소릴.
혼자만 듣지 못해 사는 날에는
사랑하는 사람을 가슴에다 묻는 짓은
살아서

당신이나 나도 참 못할 짓이라네.

사랑의 자존심

전화를 하면 익숙한 사람의 목소리 얘길 한다.
아주 간단하게

별은 반짝이고
시간은 벌써 머리말에서 재깍거리는데,
잠시 멀어져 있는 우리 아이 같은 사이
서로의 상처 따윈 생각하지 않으려 한다.

서로를 위한 삶
마음 속에 미리 준비한 그늘.
어려운 자존심보다 현실이 우선이라고,
그렇게 어렵지도 않은 사랑을 선택해야했나.

무엇을 기대할까.
피곤한 일상을 잠재우려
시간이 쓸려간다.
우리에게 남은 아주 간단한 사랑의 말

'별 같은 아름다움이 바로, 당신에게 있어요.'

갈증

나는 나를 좀처럼 볼 수가 없다.
내가 나의 가슴을 치고 가는 게 진실일까?

아, 그래도 그런 게 아니다.
나는 잠들 수가 없다.

묵은 기침 속에는 생명이 없다.
심장이 뛰어도 체온을 느낄 수 없다.

나이가 서른일곱인데, 나는 어디까지 살았더라?
가끔씩은 어리석게 계산을 해봐도

견적이 나오지 않는 이 몸뚱아리는
일회용처럼 참 어리석게 만들어졌다.

또, 사랑타령이나 하고.

밤이다 삼각지대

그녀는

어
디
로

사
라졌
을까.

Part Ⅱ. Memory

첫사랑 1

가슴 속에 뽀샤시하게 부푼 말

알듯 말듯 한 시간 속으로

갑자기 찾아와

하늘을 봐도 답이 없고,

땅을 봐도 숨길 곳 없는

'사랑' 같단 말.

첫사랑 2

잊었을까.

아웅다웅 일상처럼,
그래야 산다.

기다림

그녀는 어린 햇살 속에 쏟아져 내려온 봄꽃.

장마를 기다리던 여름이 내게는 사랑이었노라고,

기다려

말해주길.

운명의 미학

당신과 나 사이에는 헛되고 헛된 것이 없다 말해도
사랑을 하면서
헛되고 헛된 것이 너무나 많아요.

나에게 보이는 모든 생명에 대하여 이야기하면서도
시인이기에
깜깜한 세상 듣기만 하면서 살다

돌아갈 수 없게 변해버린
당신과 나 사이의 시간을 상상해도
당신의 운명이 아름다운 슬픔을 아는지, 모르는지

또, 천년을 기다려야하나요.

달맞이꽃

만날 수도 없는 사랑, 그 깜깜한 길을 따라가자면 인연의 모순이 자리 잡고 있지. 첫 눈에 봤던 그 사람을 마음속에 가지는 건 욕심일까. 아닐까. 언제나 마음이 다른 곳을 향해 불타고 있음에도 저 이름 없는 풀꽃들의 사랑처럼, 당신이 나를 어찌 안다고. 지우면 나는 또 다른 하나의 사랑 꽃을 피우기 위해 입에 물었던 당신의 아름다운 빛으로 창백하게 시들어야지. 당신의 푸른 눈빛으로, 당신의 말 못하는 사랑으로 나는 시들어가야지.

아침마다 투명한 이슬을 내리게 한다니, 당신은 그렇게 오늘도 가냘프게 푸른 잎새를 열어내어 내게 맺힌 이슬 하나 아침 햇살에 보내고는 밤의 일상을 털어놓으며, 언제나 언제나 나만을 사랑한다고 말하지.

잠시라도
깜깜했던 그 길을 따라가자면, 떠오르는 당신은 이미 활짝 핀 달맞이꽃.

꿈의 착각

꿈을 꾸었어요. 낯익은 당신이 하나도 늙지 않고 찾아와서 가슴 떨리게 환히 웃고 있었죠. 내가 살아가기 위해 몸부림치고 있는 동안 당신은 벌써 행복한 사람이 되어, 나를 추억하듯 어느 일기장 한 페이지에 잠시 적어 넣고 있었죠. 그런데 궁금해졌죠. 왜 내가 아직 거기에 있냐고.

당신이 걷는 거리를 걷고 싶어, 우리가 함께 했던 추억 속에서 당신에게만 조용히 말하고 싶죠. 아무도 들을 수는 없는 곳에서도 아름다운 꽃이 피고 지고, 행복했던 순간만큼 어리석은 로맨스가 자리하죠. 바람이 불어요. 마음이 아파요.
당신의 미소가 그저, 순진한 소녀의 눈동자였을까요. 당신의 미소를 떠올리면, 우리가 그렇게 마음속으로 애썼던 모든 것들이 어리석은 곳을 향해 걸어가는 길이었나 싶어요. 행복한가요? 사랑이 아름다운가요?

아이들이 자라, 사랑에 눈을 뜨게 되면 꼭 들려주고 싶은 이야기가 있어요. 한 때의 사랑이나 기억으로 흩어져서, 당신의 순진한 눈동자와 같은 사랑은 언제나 서로를 지켜보고 있을 거라는 어리석은 착각. 같은 그런 이야기.

우리의 사랑은 아직 끝나지 않았다

벚꽃나무 빛이 볼 살에 베인 사월의 어린 날,
나의 첫사랑은 수줍게 미소 짓고 있었다.

세월 속에 기미 같이 남아 있던 소망 하나
소녀의 얼굴에 작은 점, 작은 주름 하나씩을 남긴다.

마침내
꿈꾸는 왕자와 공주처럼 우리의 사랑도 그러했다고

말할 수 있었던 시간들
도대체 어디로 사라졌다는 것인지.

비실비실 힘없는 아이처럼 멀어져만 가던 2013년의 봄.
우리의 가슴은 채 지워지지 않았다.

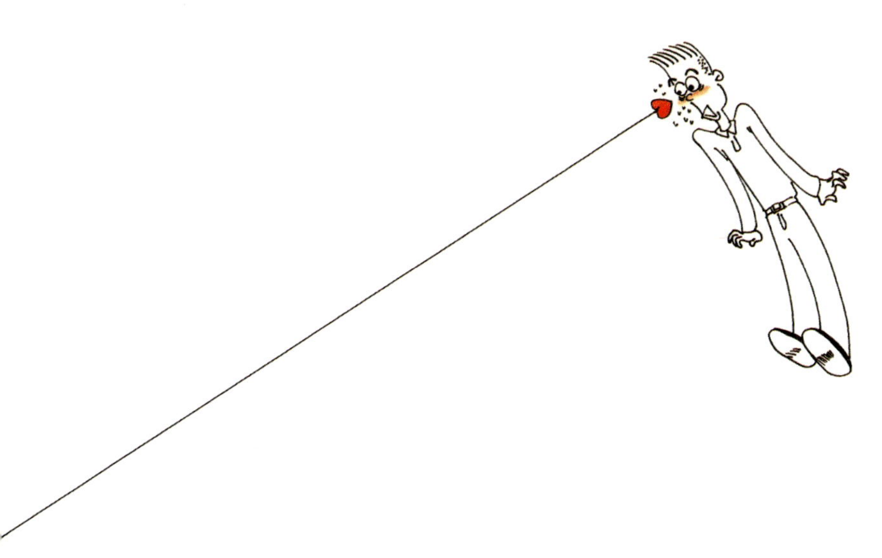

Alone

밤새 보일러실에 앉아, 세상살이 그만하다며 웃으시던
나이 든 아버지가 일거리를 놓지 않는다.
언제, 전화만 해도 반가운 어머니는
노총각 아들이 좋아하는 묵은 김치를 금방이라도
꺼내놓을 기세다.

자주 연락 없는 형제들의 살림은 아등바등 나아지겠지.
새벽까지 술을 마시자는 친구들의 연애는 쉽다.
조금만 먹어도 얼굴이 벌겋게 취해지는 나는
퇴근하는 길에 무얼 찾으러,
누구와 가야할까.

미련한 미련

가슴이 뜨거울 때 노올던 길이
반벙어리처럼 희미해지고,
흑백사진 속에 그녀가 없어진 후
그만 살고 싶다던 아침이 온다.

차창의 오랜 먼지를
닦이지도 않는 와이퍼로 씻어내고
유행가처럼 시름했던 그 새벽을 다 잊은 듯
일상 속에 머무른다.

나도 모르게
더부룩한 귀밑머리가 귀찮지만
만남이나 헤어짐의 질긴 인연의 끝에서
삶 또한 무뎌짐을 느끼게 된다.

찾아가
철없던 나를 만났었노라…
얘기해볼까.

그리움

보고 싶어 똑똑똑.
사랑이
마음 안으로만 들어가는 젊은 시절이여

살다가 흘깃 돌아봐도 어려웠던 사람.
인연이
손길 밖으로 쓸려 나가며, 또 다시 천년을 기다리네.

전부이고, 생명이고, 의미라는 말은
누구나가 할 수 있는 말.
들으러 갔다가

사랑에 묶여 전부를 잃고,
생명이고, 의미라는 말에 갇힌
초라한 나를 만났네.

그리운 마음이 슬퍼서,
혹시
그대 가슴 한켠에 슬그머니 남지는 않았는지.

불편한 진실

요란하게 사랑하는 사람은 연애를 잘 하고
핸드폰 소리에 민감한 여자는 남자가 많고
성실하게 생활하던 남자의 목소리는
의외로 비호감이다.

남자의 진실한 감정의 표현은 침묵과 가깝다.
여자가 말하는 프로포즈는 묘한 이벤트로 포장된다.
내 인연의 나이는 구식이다!

어떤 남자는 온종일 핸드폰을 두드리며,
그녀에게 성실함을 자랑하겠지.

어쩜, 사랑을

베란다 동 터오는 기분을 느끼고 서서
가느다랗게 열린 문틈으로 오는 가을을 훔쳐보네.

창밖으로 잎새가 익어지는 풍경을 한참 바라보다,
내 시선이 한 소금씩 흩날리며
그 누군가의 집 앞으로 떨어지길 바라네.
빗방울처럼 나지막이 속삭여주길 바라네.

우리가 만난 교정에서 울퉁불퉁한 아스팔트 길을
어린아이처럼 뛰어가듯 그녀가 있었고,
한 길가에 서서 바라보던 사내가
촉촉하게 더 맑은 목소리를 내어 마음속에 조용히
속삭이고 있었지.

당신에게는 들리지 않던 목소리로.

상념想念

조그마한 일상을 살다보면, 나를 가르치는 것이 많다.

홀로 지내는 동무가 삶이 고달프다.
위안 받고 싶은 모습에 위안이 되어 잠을 청하거나,
일상이라는 무의미한 개념에 대하여 씁쓸하게 웃거나,
그저 그런 공간에서도 시간이 잘도 가는 것처럼.
방 가운데 주저앉은 시들이 다투어 구겨지는 소리를 외면한다.

맑은 햇살이 슬퍼져서는 이내, 휴일이 없는 청춘의 줄기가 말라지는 것을 원망하거나. 스스로 파괴한 과거사를 시작한다. '생각'이라는 것은 치열하게 살수록 억울함에 다가선다는 것을 기억하는 작업이다.
정신 차리게!
청춘이 가장 슬픈 이유는 시간과 함께하기 위해 당신의 과거를 치장하기 시작하는 것에서 출발하는 것이라네.

이런, 이런.
더 이상 내가 기댈 곳조차 없다니.

감感

설렘.
열이 돋는다.
사랑이 핀다.
그리움이 보인다.

밉다.
사랑한다.
용서한다.
이해한다.

……괜찮다.

정情

어떤 소녀가 아름답다.

삭막했던 시절이 끝난다.

꽉 닫혔던 마음이 하나 열린다.

하느님의 은혜가 손에 잡힌다.

풍경이 빠르게 흘러간다.

음악이 흥겹게 들린다.

이제 시작이다.

후後

운동장 허리춤까지 그늘이 진다.
아이들은 없고, 이렇게 혼자 남아
존재의 가치를 따져보는 일은 중요하다.

사랑과 꿈의 모습 없이도 살 수 있는지.
나는 무엇을 하고 있는지.
요란한 시인이라도 되었다면,
짝사랑의 슬픈 구절을 이해할 수 있었을 텐데.

저기 순박한 시골 아이들이 없어진 운동장
나를 찾는 한 줌의 바람일까,
아이들은 어떤 모습으로 나를 기억하고 있을까.

몽夢

간밤에 여자를 찾으러 가는 꿈을 꾸더니,
여자는 오늘 내게 와서 떠나려한다.
무지막지한 음모에 시달리고 있는 그 여자를 구해야
한다.
만날 수도 없는 사람이라는 것을 꿈에서도 느꼈는데
상황은 어지럽게 흘러만 갔다.

어쩔 수 없다는 배반의 상처가, 상처가 되고
어제보다 오늘 더 잘해낼 수 있을 거라고
밤마다 머리맡을 데워도
다시 그녀가 있었던 꿈을 꿀 수가 없다.

노오란 국화꽃이 하늘거리는 언덕 위에 누어
어쩔 수 없다는 배반의 상처가, 상처가 되고
그 다가섬과 멀어짐의 시간을 잘라내려
다시 꿈속을 서성거리던 어느 날,

한 동안은 맑을 것만 같았던
그 여자가 이미
나를 기억하지 못하고 있음에 대하여 이야기를 해야
한다.
……전에도 그랬듯이.

청춘青春에게

한동안 푸른 꿈을 안은 젊음이
거무튀튀한 거죽으로 변해버렸네.
얼마나 내가 견딜 수 있는가를 시험하다
벗겨진 청춘의 살점들을 기억하면,
어쩌면 퇴색한 논리들을 위한 연습이었을까.

내가 시작할 수도 없었고,
끝낼 수도 없었던 시간에게
더 이상 배울 것이 없다.
철없는 아이하나,
힘없이 앉아버린 시간에

그건 분명 추억일 테니까.

가을 길에서

얼핏 보았나요.
웃음이 많은 나
달과 구름과 바람은 내 친구요,
그나마 가을은 익숙해서 무명無名으로 사는 것이 즐거워요.

내가 그 곳으로 가고 싶어요.
세상에서 이렇게 아름다운 당신이 있다니
길과 길이 맞닿아도 마주해야 만날 수 있는 것이 인연이겠죠.
어디쯤에서 돌아서야 할까요.

몇 날을 서서 가만히 당신을 생각해보아도
알 수 없는 바람의 무심한 향수
내 마음이 짙어져 구름 속을 건네요.
머얼리 우리의 사랑을 만나러

가을 길을 갑니다.

인연의 잔상

오늘
잠시 지나는 바람 같은 거라면

이 넓은 세상 중에 와 나를 어지럽히는 이것은
운명이라는 말장난 속으로 가려다 더욱 외롭게 죽어
갈 것이다.

정말 아무도 모르는 거다.
우리에게 숨겨졌던 일상들은

끝끝내 모른척하며, 인생의 순위를 차지한다.
그렇게 살아가는 것이다.

아마, 굴러가다 멈춰버렸어야 할 시간 속에서
못난 얼굴이 당신을 상상하게 하는 이것은

후회의 계절

한살이라도 젊었을 적에 철모르고 잘난 척에
님 얼굴이 눈에 밟힌다 밟힌다할 적에
눈멀고 귀멀어 인연의 목소리 알아듣지 못했네.

늙어질 적에
변해버린 내 얼굴이 아버지와 닮았다, 닮았다할 적에
밤이면 별을 보며 사랑으로 애써 감추었네.

여린 맘속에 담고 살았던 슬픔을 잘 이해하지 못했네.
깨알같이 새는 그리움이 자라는 것을
한편으로 걱정하며 살았네.

봄바람이 벚나무를 피웠다고,
꽃잎 빠진 나무나무마다 벌어진 긴 세월의 갈림길처럼,
가벼워진 이 내 존재가 차마 보잘 것이 없었다는 것을

바람꽃 당신

보고 싶어요. 정말로 나에게 거짓으로 떠나 가려나요. 아, 가슴아리가 손등에 툭툭 떨어져, 내 살아온 세월이 온통 그대 모습으로 사라졌어요. 비가 그치면, 풀잎에 새로이 맺힌 영롱함으로 맑은 하루를 열어내고, 더러는 오래 아팠던 길 위에 바람 한숨 게워내어 사랑을 속삭이며 살아가겠지요.

울창한 산새나무 숲 그리움이 우거진 거짓말 속에는 인연이 이별을 만나 사랑을 하고, 당신의 눈물이 보였어요. 그 곳에서 자라던 시 한 편 떠올리면 바람꽃처럼 사라진 님의 눈물이 또,

그리움으로 천만 송이.

비가 온다

창가에 기대어
온종일 쳇바퀴 돌리며 톱밥 사이를 오가는 생쥐
두 마리를 본다.
낡은 시집 중에 뜻 없이 읊조리던 글 속에 내가 있다.

당신 눈에 새가 있어요

그 사람 눈에 작은 새가 살고 있었어요.
내가 무얼 잘못 보았을까요?
묻고 싶었는데, 말하지 마세요,
정말 말하지 마세요.
그 눈 속에 작은 새가 날개 짓을 하고 있었지요.
마치, 아주 오래 전부터 있었는지
하늘을 아니 다른 곳을 향해 날아가고 있었어요.

내 가슴이 보았는데,
그렇다면 무엇으로 설명해야 할까요?
허공에 가슴이 있는 것처럼
오늘도 하늘을 향해 날아가 버리는
당신의 작은 새가
울먹이며 말하고 있어요.

당신의 새가 여기 내 안에 있다고.

애송이

사랑이 많은 사람은 외로움도 깊어진다.
진정으로 사랑했다고 말하는 사람은
그 외로움을 채울 길이 없다.

나는 외롭지가 않다.
북적이던 일상사를 핑계로
진정 사랑했어야하는 사람을 만나지 않아서일까.

아무도 사랑하지 않았다는 건 외로움을 모른다는 것이다.
어쩜,
너 사랑을 모른다는 것?

손대지 마시오

Part Ⅲ. Feeling

거짓말

내가 꿈꾸는 생활이 아득해
너와 내가 이렇게 먼 사이라는 것도 모른 채
밤새도록 생각해.

저기 달빛, 불꺼진 아파트 베란다
내 마음속에도 가야할 길이 보이지 않아.
내리던 작은 서리에 기대어 그리는 그림.

너를
생각하는 가슴도 이젠 진저리가 나고
차간 새벽 한 줌으로 가슴을 얼리며

나는
그렇게 그 길을 지워가……

상사병

몸에 열꽃이 돋았다.
몸이 아픈 건지,
마음이 아픈 건지
붉게 물들어 힘이 없다.

늘어진 어깨의 무게를
더 이상 버티지 못하고,
식욕을 잃었다.
아무 것도 할 수 없어
사랑이 싫어질 정도라면
삶도 희망도
어떤 의미에 의미를 더하지 못하게 된다.

마음에 붉은 열꽃이 터진다.

1막 2장

마침내 내려놓은 사랑이
쇠잔하게 기억을 상실하고,
순수하던 눈빛이 체념을 받아들입니다.

우아하던 젊음의 향기가
자존自存의 길을 찾아 사라지고,
환희는 연민의 가면을 쓴 채 늙어갑니다.

높은 그리움이 낮은 곳으로 향하는 것이 아니라,
짧은 회한이 긴 여정으로 남는
새로운 장場이 펼쳐집니다.

철새 1

계절이 오는 소리에 민감해졌다.
발밑까지 쓸려 들온 낙엽 속으로
안타까운 옛 추억을 보듬어 따뜻하게 덮고 있다.

어젯밤 달빛을 따라 외기러기가
차갑게 하늘로 솟아오르며
아름다운 몸짓에도 참 힘겨웠었지.

나도 몰래 터진 탄성에 화들짝 놀라 생각하니
아, 사랑이었구나.
그 너머 풀섶 끝 마디마디에 맺힌 영롱한 달그림자를
따다,
검은 여치들이 숨죽이며 기다리던 내 사랑이었구나.
더는 못 참고 서로를 찾아가야 할 때
나에게는 무엇과도 참기 힘든 밤.

갈대밭 너머 사라진 노을과 새들이
저마다 이름 하나씩을 가슴에 달고,
달빛으로 떠나는 여행을
슬프게 기다리던 밤.

철새 2

늦은 겨울을 기다리는 철새는 남쪽으로 구름을 몬다.

새하얀 서리 깔은 바람처럼 예리하여 맞서는 것이 아프다.

내가 있는지 없는지도 모를 삶을 두고, 넋을 두고 떠날 채비를 하다가

햇살이 좋아 가까이에 둔 봄을 기다린다. 동무들이 떠나간다.

면상眠想

주머니에 있던 돈을 세고 다닐 때가 있었다. 몇 천 원을 쪼개어 다시 몇 백 원으로 나누어 고작 그 날을 먹거나, 살아야 할 일상들을 자꾸만 만지작거리며 버스를 타고, 타지 않아도 돈을 아낄 수 있는 방법들을 생각해야했다.

겨울에는 자전거를 탔고, 여름에는 야식비로 헌 책방 구석에 꽂힌 구어체 시를 사서 읽었다. 가을에는 뾰루퉁한 눈빛의 아이들을 가르쳤고, 다시 봄에는 내 오래된 차림이 또 부끄럽진 않을까 걱정도 하였다.

삶이 삼류구나. 나의 사랑은 저절로 기력이 다해 쓰러졌고, 매일을 혼자서라도 살아가야 하는 나는 그녀에게 젊음을 빚졌다.

쉬이 나이 먹어버린 얼굴빛에는 알 수 없는 인생의 앞자락과 그리움이 비틀어져 고리를 만들고 있었다.

'이건 삶이 아닐지도 몰라.'라고 중얼거릴 때
사랑보다는 미래의 걱정이 앞섰다.

그 시절 간절했던 사랑보다는 배고픔에 쫓겨 살아가는 게 두려운 사람에게
행복이라는 착각은 어설픈 시간 속에 놓인 각자의 이해와 같다.

그래서,
돌아누워 자는 버릇이 생겼을까.

눈, 강아지 한 마리

그렇게 한꺼번에 눈시울을 가릴 것처럼 쏟아지는 때도
있지요.
당신의 세계에 내가 눈처럼 쌓이나요.

그러지 말아요, 조금씩 웅얼거리며 겨우 잠을
청하는 데도
몸뚱이가 말을 듣지 않아요.

어슴푸레한 저녁 어디쯤에선 따뜻하게 사랑이란 것도
느껴질 만한데
잦아드는 기억의 끄트머리에서 끄덕끄덕 졸다가
배고픔에 잠을 자요.

좋겠습니다. 도무지 지울 수 없는 이 묵직한
눈시울처럼,
고요한 당신의 환한 미소 속에 곤두박질치는
미친 눈 강아지 한 마리가

겨울의 복판에
당신의 허공 속에 짖어대고, 계속 쌓이기나 하긴
하겠지요.

구인사救仁寺

늦은 밤하늘
새벽이 되어도 잠을 청하지 않는 사람들
엉킨 사연들을
다 씻어내려 앉았을까.

어둠에 묻혀 지내야,
나의 그림자가 일어나
아침 문을 열어낼 수 있다고

알 수 없는 영혼을 팔고나서야 편안해지는
사람들의 맑아진 미소가
꽉 차게 느껴진다.

밤소리 새소리
울며, 놓아주지 않는 이 사람들을
어떻게 어떻해.

다락리 산 7번지

1

첫날, 나는 인내관에 살았다. 5층 천장과 식당 사이가 멀었는데, 그 길은 여러 사람과의 만남까지도 이어져 있었다. 골목에 가득 찬 저마다 다른 지역번호의 승용차가 다 들어오지 못해 빼곡해도 사람들은 묵묵히 땀을 흘리며 인터넷 가방을 날랐고, 허름한 선풍기 옆에 아내와 아들, 홀어머니, 아버지 곁에 누나들과 남자친구, 형과 아이들의 모습을 조그맣게 챙기고 있었다. 화려한 불빛은 아니었어도 그 여름밤엔 내가 아마 설레었던 모양이다.

2

다락관의 밤은 밝았다. 그 너머에 어울린 사람들은 허공으로 승천하기 좋은 곳을 찾아 담배를 태우거나, 야식을 먹었다. 아지메는 펼쳐진 책장의 불을 켰다 껐다, 켰다. 두근두근 아이의 울음으로 책상머리가 무너진 적도 있었겠지. 집비둘기 한 마리가 사라졌을법한 곳에 새벽까지 불빛이 내려오는 그 여름밤에는 아마, 뜨거운 고빈거리를 생각해내야 했다.

3, 4

신뢰관, 청람관에 옹기종기 모여앉아, 좁은 책장 안마당까지 친구들을 맞이하려 애를 썼다. 사람들이 수건과 속옷을 기름진 파닭과 맥주와 어울렸고, 산자락이 교정을 조금씩 끌어안을 때쯤 앉아서 누군가는 심각한 모습으로 졸기 시작했다. 매일 서로 다른 생각과 경험들을 나누는 것이 피곤했지만, 우리가 원하는 아이들의 미래가 서로 비슷했기에 이야기는 어렵지가 않았다.

5

율곡관에 누워, 나란히 아침을 맞이하겠지만 사람들이 모여 서둘러 짐을 싸고, 나갈 때쯤 누군가는 이제 영영 다락리 산 7번지 골목을 넘어가버릴 것이다. 헤어짐이 별개 아닌 것이 될 것처럼, 같은 방향으로 빠져나가는 승용차들 속에 차마 말하지 못했던 이해를 구하고자 한다. 당신이 있어 행복했던 3년의 시간이 흘러갔음에.

이별의 상처

나와 마주하기 전
그녀의 눈빛은 흔들리고, 입술을 깨물었다.
원통한 인연의 꼬리는 사방으로 흩어져
책임을 회피한다.

나를 부르는 목소릴 잃은 슬픔일까
왜 이렇게 억울한 것이 세상살이.
나에게 들려줄 사랑하나
이제 없다는 것이
아무래도 상처가 될까봐.

만나지 말자.
나란히 살지 말자.
상처 입은 마음에 채 딱지를 긁어낸다는 것이
미련한 짓임을 알고도
모르는 척.

우리는 애써 서로를 외면하지 못했나.

마지막 페이지

사랑이 너의 전부였다고?

너는 그 아름다운 속눈썹으로 나를 가리우며
눈물을 지었다.
이 하늘 끝에 나처럼 외로운 사람은 없을 거야.

내가 하늘 구멍에서 떨어진 공기 빠진 공처럼 엎어져
있어도
아마 모르는 사람처럼 지나가게 될 테니까.

그렇게 될 거라고 생각하면서 마음을 잠가 버리기
시작하는 거야.
노을이 아름답게 사라지는 것이 아니라, 사라졌다고
생각하는 것이 이상하지.

그러게, 사랑은 너의 일부였어!

어떤 친구

머릿속이 꽉 찬 사람이라고, 볼 것도 없이 한 번 만나보라고
사랑이 그리운 사람이라고, 그래서 마음도 따뜻할 거라고

그 사람이 나을 거라고, 나보다 더.

그 여자는 처음부터 그녀에게 말했다.

우리의 만남에 대하여

손바닥에 그리움이 박혀
심장을 어루만지고 있다.

손에 잡았던 많은 사람들 가운데
시간의 그물에 걸린 하나의 환영이 곪았다.

갖고자 했던 것을 조금 놓아두고,
기다렸어야한다.

스스로 남아 완성된
아름다운 그 사람의 환영을

낙엽

바람 만진 잎 끝에 매달린
사람들의 음성으로 붉게 물들어간다.
벌레 때문이 아니다.
여윈 나무에게 할퀸 바람도 홀로 된 아픔을 남기고
싶다.

가을이면 떨어지는 낙엽에
가슴이 멍드는 이유에도
내가 대롱대롱 매달려 있다.
그리운 당신 때문이 아니다.

긴 밤을 숨차게 달려와
나무 끝에 잠시 머문 바람은
제 몸을 동여매고 흔들리는 낙엽으로
저 맑은 호수에 다시 떨어지겠지.

때가 되어 떨구는 것이 아니라,
약속을 지키기 위해 야위어가는 내 모습처럼.

남겨진 시간은 어디에

여린 풀들 곳곳으로 삭힌 나무 몇 그루
앙상한 머리를 치켜들고 산에 오른다.
가슴은 벌써 안간힘으로 하늘을 기웃거리고
턱없는 마음으로 정상이 저기 끝일 거라고 상상만
한다.

전나무와 소나무의 가지 사이사이
청솔모 한 마리가 행여 떨어지지 않을 나무를
진지하게 고른다.
확실하다, 이거야! 다짐했던 순간을
애써 지워야만 한다.는 것을 나도 아직은 모른 척.
살아야한다.

가볍게 싸 온 바리바리 비닐 봉투 속 오이 한 모금
깨어 물고
옹기종기 모였던 산벌레들 숨었던 자리에선
이쁜 버섯들이 자잘 자잘하게 피었다고.
산 속에 남을 내 발자국. 꾸욱 남긴다.

돌아간 삶 속에서
하루는 뒤척이며 말할 수 있는
늙은 청솔모와 예쁜 버섯 같은 나무들을 보면,
가끔씩 시원한 바람 때문에 여유로웠던 이 순간을
기억할 거 같다.

그러나, 아무도 기억하지 않는 순간에 산을
올랐다는 것을
산속에 남은 잔가지와 풀 섶은 이야기하였다.
소문 없이 사라져간 사람들의 잔영과 잔영은
그 산 새에 녹아 흘러진 풋감들처럼 여전히
수북하다는 것을.

눈 오는 날

생각나는 사람이 있어 시간 속에 머물러본다.

깨끗한 마음을 하고는
미안해요.
사랑받고 싶어요. 하며
그 사람의 따뜻한 손을 떠올린다.

하얀 솜털 같은 하늘에
햇살 조금으로도
우리네 그리움은 충분했었다.
후회하며 살지 말자.

두 눈으로 볼 수도 없는 사람을
마음으로 담아두며
흩날리는 눈 같은 사연으로 보내기에는
겨울이 너무 길다.

따뜻한 차 한 잔 떠올리며
주저주저한 모습 속에 그리움이 맴돈다.

만납시다. 보고 싶었어요. 하며
눈 한 덩이 바람에 하얗게 묻어본다.

나를 닮은 시간들

한철 바다 우에 바람마저 눈부시다.
파고를 지나,
남은 갯주름을 밟고 보니 내가 좋아하는 인생이
벌써, 37년이구나.

사람이 사람을 만나고
기억하고,
잊으며 사는 걸까.
못 잊어서 사는 걸까.

바다가 바다를 만나서
잠재우며,
가려 보이지 않는 것과 같다.
아니, 가리지 못해 넘쳐 파고가 된다.

서로 다른 길이 있어 갔기에 다시 만나러 와야
할 길 고부지고,
삶은 앉아 쉬고 있으나 쉴 새 없이 서로가 서로에게
눈물을 흘리는구나.

흔적 1

혼자 들어온 방안에 그녀 닮은 그림자 들었다.
슬픈 마음은 잠자리에 스러지고,
내일을 향한 이성이
어려운 영어로 말을 걸어온다.

그 사이 잠든
가여운 여인의 얼굴이 찡그리고,
어린 달그림자 내려와 주위를 맴돈다.
어두운 방안에 우리 사랑이 묻힌다.

흔적 2

시커먼 목마름에 어깨가 굳어 있다.
창 밖으로 은근한 시간의 향기 못 느끼고
베란다에 가린 하늘이 보이지가 않는다.

탁 탁 탁 손가락 하나에
불을 켰다, 껐다, 켰다.
시커먼 그림자 살아질 테니.

내가 나를 느끼지 못하도록,
밤새 고요한 마음으로 살게 좀
내버려두세요.

추억

때때로 추억追憶에 잠들지 않는다.
시간이 갈수록 숙성된 추억이라는 건
몸속에 머물러 살이 된다.

설레던 사랑하나 떠오르면
얼룩처럼 슬픔으로 옷깃을 여미고,
순수한 말 한마디가 입가에 잠기어
조용히 맴돈다.

빛바랜 계절 속에
더욱 선명해지는 그 시절의 단상들이라 생각해보면,
어찌하지 못해 흘러내리던
복잡한 심경에

내 옆에 가만히 잠들어 있는
조그만 아이의 손을 잡고,
시간의 일방성에 그저 슬그머니 몸을 싣고 떠나자.

사랑의 흥정

나이 든 총각이 발아래 기어가는
땅강아지를 보며 어릴 적 추억을 잔뜩 쌓아놓는다.
마트 장바구니를 흥정하며 혼자 보낸 하루는
사라지는 노을만큼이나
더딘 연애를 준비하게 한다.

총각의 은빛 목걸이가 길가에 미쳐 반짝일 때,
계절이 하나의 풍경 속에 남녀를 가둬둔다.
어떤 여자는 하얗게 종아리를 드러내고
잡초들이 여자의 종아리를 베고 번식하거나
예리한 세상의 경제를 비틀며
가슴 설레던 짧은 시간을 외면하게 한다.

눈을 감으면
총각이 사라졌던 길가에 여자가 함께 걷는다.
길 위의 바람처럼,
수줍은 원피스가 가을바람에 흩날리며
총각에게 머물러 있던 그 미소와 똑같은 모습으로

서로를 바라보다
서로 다른 누군가를 떠올리며 걷는다.

어느 상이용사의 봄

녹음이 짙어지면,
희끗희끗한 머릿결로 골짜기에 스민 바람 한번 잡아
본다.
꽃 같은 젊음을 지우고 달아난
그 때, 그 시절의 바람이냐고 묻는다.

겨우내 건강을 염려하며, 작은 오막살이 소원하던
내 그리움은
아무도 들으려 하지 않았다.
즐거웠던 기억에 넝쿨 채 그늘이 지면,
그 위를 쏘아대며 사는 야생 벌떼 웅웅하며
그들의 다리에도 삶의 결정에 아우성이다.

바람과 함께 살아야 할 벌떼를 바라보던 나는
다리를 전다.
무거운 기억의 저장소를 휠체어에 내어놓고
가을에 필 아름다운 열매하나 꿈꾸고 있다.

따뜻한 봄이라서 현기증이 나는 이유와
오래도록 살고 싶던 그 때,
그 시절 사랑의 계절이 있어 안타깝다.

삶

당신이 모르는 곳에서
사랑으로 아플 때마다
내 그리움의 몸집은 커진다.

차마 잊지 못하는 것이 아니라,
세월의 덧없음에
당신을 보냈던 잘못으로
후회와 침묵 속에 살아감으로

언제나 말이 없듯이
추억들마저 영상처럼 스쳐갈 때마다
따스한 입김을 불어넣어
빛바랜 그리움에 생명을 불어넣는다.

홀로 깨어있음에
서글펐던 잔상이
오늘을 망각한다.

독백

처음 만난 사람이
운명이구나! 생각했던 순간
그건 순정이란다.

고백하거나, 하지 않아도
아무렇지 않은 거여서
단지 그 때뿐인 아픔일거라고

세포에 각인한 이름 하나가
어딘가에 사는지, 어디에 숨었는지
문득 궁금했던 그 사람은

진정한 사랑이 아닐 거라며
하루를
또, 그냥 넘기며 이야기를 합니다.

사랑의 예감은 틀린 적이 없다

첫 눈에 좋은 사람이구나! 생각하다
변함없이 사랑할 수 있을 것 같다는 착각에 빠진다.

착각 속에 아름다운 상상이 있어
오감五感을 학습시킨다.
이런 삶에 박수치고,
맥박이 목소리처럼 떨리기 시작할 때
밝은 미래의 상상처럼,
아름다운 당신을 만난다.
가지 못할 곳을 가고 싶은 욕망처럼,
아직 살지 못한 인생에 또한, 망설임은 없다.

길을 가는 사람들의 모습에도 그 사람이 있다.
다정하게 팔짱을 낀 연인의 모습에도 내가 있다.

Part Ⅳ. Stamp

Open The Door

시선 저만치 닿아 있어도
우리는 서로를 훔쳐보지 못하게 벽을 둔다.

무엇을 하고 있는지 모르게
멀건 눈으로 중얼거리는 소리를 듣지 못하게
그대가
왜 지쳐있는지 알 수 없게
가여운 표정을 벽으로 가리운다.

하지만, 지금 무엇을 하며 살아야하는지
어떤 이야기를 하고 싶은 건지
그대와 앉아 예쁘게 말하고 싶다.

웃으며,
문을 열어보자.

OPEN
CL SE

인연 1

어떻게 살려고, 처음 본 그 사람의 생김이 마음에
남을까.
언제 만날까.
알아주지 못할 마음으로 일상을 살았다고 말을
해야 하는데,
몸 따로 세상 따로
구석진 곳에 사는 나.

힘없는 인연.

인연 2

버렸다 해서 쓸모없는 것이 아니다.
주웠다 해서 부끄러운 것도 아니다.

복권처럼 알 수 없는 삶이라면 좋겠다.
돈으로 당첨될 수 없고, 선택되는 것처럼
어지러운 조합을 찬양한다.

따지고 봐도
나에게 좋은 사람인가, 나쁜 사람인가
같은 양의 삶을 살아도 모르는 것이 인연.

살다보면,
그 많던 사람들 가운데 하나, 둘
당신에게 버려지거나,
당신에게 주워 지는 게 인연이더라.

인연 3

먼 곳을 돌아와서는
왜 여기에 있느냐고
당신을 외면하며 소리쳤다.

사랑을 하기도 전에
당신의 손등이 바짝 말라버렸고,
당신은 나에게 미소를 숨긴다.

더 이상 당신이
나를 기다리지 않는다.

유년幼年

서리 아침 맞으며 내 어머니는 들로 나가셨다.
우는 쌍둥이 업어 메고
하루는 종일 가슴까지 아픈 것도 죄가 된 양,
숨어 우셨다.

네 살 박이 큰 애
집 떠난다고 울 때,
다시는 찾지 않으리라.
아버지는 먼저 가신 부모를 항상 원망하곤 하셨다.

밤이면,
파출부, 값싼 인부, 남의 밭 김 메주고 얻은 시래기로
허기진 배를 채우고 돌아누운, 바싹 마른 아버지의
다리가 보였다.
신기했다.

쌍둥이 형 손잡고 입학하던 날
왜 우리 엄니는 안 오나.
내가 반장이 되면, 왜 우리 엄니는 화내시는 걸까.

.

.

.

중학교에 들어서야 나는 반장을 하지 않았고,
우리 집엔 오토바이가 생겼다.

식은 밥이 그립다

애지중지 아버지의 모든 힘이 집중된 푸른 용달차에 타고 앉아, 진하게 풍겨오는 우리 마을 밭고랑 내 맡으며, 식은 밥을 씹어 먹었다. 그 맛이 참 좋았다고 생각하는 나에게는 따뜻한 사랑 한 순갈이 나를 키웠구나⋯⋯ 하필이면 힘들 때, 생각나는 아버지가 그 시절의 내가 되어 있었다.

태풍 오는 소리

훔치 - 훔치 -

멀리 소 울음소리 들린다.
태풍 오는 소리 들린다.
삶이 그렇게 부산한 걸까.

절박한 사람은 주문을 외우고,
썩지 않는 자연은 스스로를 뒤집는다.
자연과 인간의 역사는 계속되어야 한다.

슬프게, 혹은 냉정하게.

벚꽃나무

누가 생명을 주었는지 모르고 살아간다.
잠시 동안이라 생각했지만,
벚꽃나무 이파리로 한 시절을 보내려면,
꽃의 화려함을 보러 사람들이 몰려든다.
꽃의 화려함을 떨구려 벌떼가 운다.
그렇다면 나도 한때나마 슬퍼하지 않을 수가 있다.

언젠가, 이 사람들을 다시 만나야 할 때
나는 같은 기억을 불어넣어야 할까.
처음 만나서 그렇게 헤어지는 것을 이해하며 꽃을
피워야 할까.
아무 것도 몰랐던 것처럼 살아야하는 이유는
꽃향기 끝으로 날카로운 녹색 이파리를 피우기
위해서이다.
바람이 무언가를 물으려 다가와서는 꽃잎을 날린다.

결과가 아주 우습게도
떨어지는 꽃잎 따라 화려함도 사라지나보다.
나에게 관심이 있었던 것이 아니었나보다.
사람들이 떠나가는 것을 기다리던 마을의 리장님이

허허허 도랑가에 심긴 콩나무를 바라본다.
벚꽃나무 이파리가 흩날린다.

흙 밭에 살기

봄볕에 발가벗은 흙이 숨을 쉰다.
순수한 얼굴을 감추려 아지랑이가 돋는다.
사람에게 마음 주려고 자꾸만 눈을 맞추는 아기처럼,
일 년의 출발점에서
한 해가 걸음마를 시작한다.

변변한 삶은 아니었지만,
마음 한 쪽에
양파처럼 감춰진 풍경을 넉넉하게 펼쳐놓고는
다 주지 못했던 사람들에게 한 웅큼씩 미안함을
고백하고 싶다.
외다리로 버티며 사는 모습을 부끄러워하고 싶다.

오늘을 보낸다는 것은
내가 다가가야 할 사람들을 위해 남겨 놓아야할
조그마한 흙 밭 하나를 가꾸는 일이다.
내 짧은 생을 주고,
한 세상 함께 노력하며 사는 것이다.

비행기

처음 비행기를 탄다는 것을
누구에게 말하기 부끄러웠다.
무거운 고철이 하늘에 뜬다는 것이 참 신기하다.

애써 태연한 척하였지만,
그대로 있는 내 몸에서
멀어지는 땅을 잠시 바라보고만 있었다.

하늘을 난다는 것이
인간으로서는 금단의 일인 양,
참 고지식했던 모양이다.

말하자면

넓은 세상을 눈으로 감상하기보다
나와 살고 있는 사람과 무엇을 이야기하는 일이
중요하다.
같은 옷을 입고, 같은 음식을 먹기보다
같은 고민을 해결해가는 일이 더 절실하다.
봄바람을 기다리는 일보다
가을이 끝난 무렵의 풍경이 더 아름다워야 한다.

무엇을 위해 살고 있는지가 아니라,
누구와 함께
어디에 서 있는지가 더 궁금해야 한다.

사랑의 나이

어린 아이의 걱정도 어른의 생각만큼 크다.

아이들은 금새 웃고 울지만,
어른들은 쉽게 웃고 울지 못할 뿐이다.

사랑이 왜 없겠나.

아이들은 너무 좋거나 힘들지만,
어른들은 쉽게 사랑하지 못하고 쉽게 잊지 못할 뿐이다.

밤의 시간

창밖으로 어둠이 앉은 시간

사람들은 머물러 있지 못하고
가벼운 바람에 여기저기로 휩쓸려 다닌다.
그들을 찾는 모임이 시작되면서
그들의 마음속에 남은 사랑
하나씩 발효되기 시작한다.

각자의 사랑에 따라 술잔이 흔들리고
새롭게 입은 옷소매에 살짝 마음을 숨긴다.
정작 보고 싶던 사람들을 만나지 못하고
어둠의 주술이 울컥하며 튀어나오려할 때,
말과 행동이 조금씩 달라지기 시작한다.

어둠 속으로 숨은 몸뚱이 하나에
몸뚱이 속으로 숨긴 사랑 하나에
그렇게 까맣게 그려지기 시작하는 그림을 바라본다.

백설공주

무언가에 지친 그녀가 아름답게 잠들었다.

자존심으로 치장하고
팔자걸음도 부끄럽지 않던 그녀가
생채기하며 잠을 청한다.

이 넓은 세상에 기쁜 일이 없을까?
슬픈 일도 많지만,
외면하며 살았으면

망자忘者들이 사는 세상에서
도망쳐 나온 듯 그녀가
아름다운 망토를 두르고,

하이얗게 잠든 밤을
누군가 훔쳐본다.

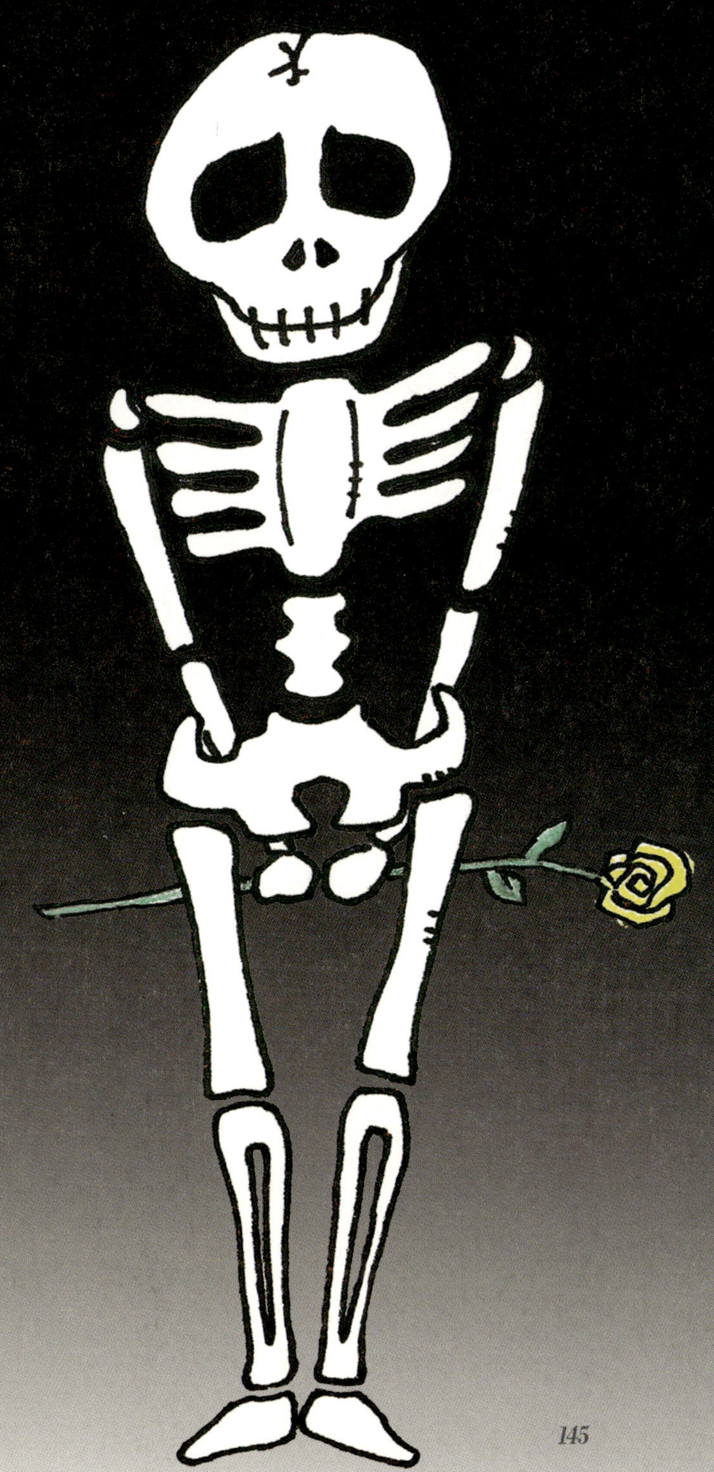

짝사랑

나를 불러주세요.
내가 다가가기에는 세상이 온통 낙서투성이
시선들이 많아,
당신에게 다가갈 수 없어요.

나를 불러주세요.
사랑으로 흔들거리는 물렁한 마음이 설레이네요.
남자라서,
알 수 없는 당신의 미소가 보고 싶어요.

나를 기억해주세요.
멈춰지지 않는 시간이 흐르고, 속절없는 인연에
떠밀려
당신이 멀어져도
나를 더 사랑할 수 있나요?

눈물자리

황막한 거리에 가득 찬바람이
가로등 불빛으로 사라지는
밤길에 추억이 따라온다.

살아가는 인생이 아니라,
살 수 밖에 없는 시간이어서
절망들이 함께 따라온다.

혼란한 기억 속으로 자지러지며
사랑한다, 다짐하면
어느새

수북하게 자라난 그리움이
사랑을
애써 잘라내고 있었다.

새벽이 오는 것을 두려워하지 않고
탈출하듯,
눈을 감아본다.

죄가 없다고

꽃이 만발한 풍경 그대로는 참 아름답다.
꽃밭에 한 송이만 남아 아닌 벌판이 되었을 때,
인간의 고독이 펼쳐진다.
그래서 결심하였다.

아프지 않을 정도로만 만개한 채,
그리워하자.
그 사람이 다른 행복의 순간을 맞이했을 때조차
그리움에 꽃 한 송이를 건네자.

무지無知함으로 구원받지 못한 나.
당신에게는 죄가 없다.
쉽게 준비하지 못했던 이별의 순간에
잠들어버린 나에게

당신은 그 모습 그대로
나에게 말했다.

체념 1

가슴에 커다란 구멍이 생겨나고 있다.
처음엔 손가락만 하던 것이
손바닥보다 커졌다.

그 사이 새어나오는 고통이
눈물이 되어 흐르기도 하고,
후회가 되어 아프기도 한다.

깊은 절망이 되어
바람으로 채워질 수 없는 거라면,
세월 속에서 마음의 통로를 찾아보자.

저 멀리서,
그리움이 쏟아진다.

체념 2

사랑은
예고 없이 찾아와
마음에서 심장으로 질주한다.

그대에게
가고 싶어도 엇갈리는 인연에
닿아지지가 않는다.

가슴으로 말하니,
아무 말도 듣지 못한 채
이렇게 너를 보내야 한다니.

편의점 알바

창밖으로 투명하게 잠을 몰아내었다.
어제 많이 들었던 음악의 흥이 말라버렸다.
배고픈 커피를 마시고,
삶이 고단하구나, 하며 향기에 끌려 살게 되는
편의점 알바.

종종걸음으로 손을 내미는 많은 사람들의 무표정함에
따뜻하게 데워놓은 나의 미소와 커피와
밤을 내려놓는다.

낮에는 부끄러워 말 못하고,
밤에는 휘청거리며 제대로 걷지 못했던 사람들이
어느새 고요하게 잠들어버린 밤,
흐트러진 새벽을 정리해야할 때

문득,
저만치 나를 두고 훌쩍이며 돌아서던 그녀가
말없이 걸어가고 있었다.

미련

맑은 하늘 밤.
나약한 마음에 밤을 축복하지 않는다.

눈앞에서 만날 수 없는 사람 때문에
마음이 흔들려,
아무도 모를 사랑의 피로로
쓸쓸한 당신.

너의 일상이 부족하다 다독이는
고통 같은 하루는
오늘로서 끝나지 않을 것이다.

이제 그러지 말자.

겨울연가戀歌

축복을 부르는 성탄 빛이 반짝이고,
징글벨 순백의 선율을 함께 듣고서
동쪽에서 밝아오는 새해를
가슴으로 느끼고 싶었다.

정갈하게 차려입은 옷깃이
발그레하게 부끄러워 말을 하지 못해도
따뜻하게 보듬어 줄
사람과 함께 하는 것은 행복한 일이다.

눈이 와도 좋고,
작은 교회당이 쓸쓸해도
따뜻한 국화차 기다리는 밤이 오기를
그녀와 함께 손잡고 머무는 일은

참 행복한 일이다.

새 눈

자그마한 눈꽃들이 요정처럼 날린다.

겨울에 생각하면,
지나왔던 일 년의 시간들이
또 우리 앞에서는 참 부질없었다며
혼자서 중얼댄다.

봄이 온다면,
따스한 체온에 기대어
내가 어찌할 수 없는 삶의 자락으로
뿌리내려야지.

나의 죄목은
그대로 인해 아름다운 세상을
함께 할 수 없는 삶이라는
중력 속으로
결백의 증거를 묻고 있다는 것이다.

소리 내어 말하지 못하고,
억울한 인생만을 자꾸 되뇌며

아픔을 조절하거나,
귓전에서 사르르 녹아지는
당신을 닮은 요정들에게

슬프다고 속삭이는 버릇에 있다는 것이다.

I & U

나에게 당신은
설레는 여행보다 기대되고
달콤한 커피보다 향기롭네.

나에게 당신이 말하고 있다면
늘 하고 싶던 말이 하 많아도
어두운 밤을 꼬박 새우며
여신이 하는 말에 귀 기울이겠네.

당신의 까만 눈망울에 비친
수줍은 나의 미소로
사계절에 피우는 꽃을 선물하고
소박한 삶에 당신의 강림을 감사하겠네.

나에게
어둠에서 등불보다 빛이 나고,
새벽보다 아침의 햇살을 더욱 아름답게 하는
& U.

그대를 만나다

어린 아이의 해맑은 웃음
예쁜 영화 속 풍경
서로 아껴주던 연인
하나가 되고 싶어 했던 첫사랑의 그녀
모퉁이를 비추는 햇살 뒤에
만나면 반가운 친구처럼
따뜻한 사람들의 정겨운 표정으로

어느새,
굳은 손도 부끄럽지 않다 만날 수 있는
꿈속의 노인이 된
그대를